Aire limpio para todos

Parvaneh Jacobs, M.A.Sc.

Asesoras de contenido

Cheryl Norman Lane, M.A.Ed.
Maestra
Distrito Escolar Unificado del Valle de Chino

Jennifer M. Lopez, M.S.Ed., NBCT
Coordinadora superior, Historia/Estudios sociales
Escuelas Públicas de Norfolk

Asesoras de iCivics

Emma Humphries, Ph.D.
Directora general de educación

Taylor Davis, M.T.
Directora de currículo y contenido

Natacha Scott, MAT
Directora de relaciones con los educadores

Créditos de publicación

Rachelle Cracchiolo, M.S.Ed., *Editora*
Emily R. Smith, M.A.Ed., *Vicepresidenta de desarrollo de contenido*
Véronique Bos, *Directora creativa*
Dona Herweck Rice, *Gerenta general de contenido*
Caroline Gasca, M.S.Ed., *Gerenta general de contenido*
Fabiola Sepulveda, *Diseñadora gráfica de la serie*

Créditos de imágenes: págs.6–9 Brian Martin; págs.12-13 Bijit K. Dutta/
Shutterstock; pág.17 Elisabeth Aardema/Shutterstock.com; pág.21 Sundry
Photography/Shutterstock; pág.22 Rachael Warriner/Shutterstock; pág.23 Brent
Olson/Shutterstock; pág.25 Antoine Ramus/Shutterstock; pág.26 U.S. National
Archives; pág.28 Steve and Julie a través de Flickr; pág.29 ZumaPress/Newscom;
todas las demás imágenes cortesía de iStock y/o Shutterstock

Library of Congress Cataloging-in-Publication Data

Names: Jacobs, Parvaneh, author. | iCivics (Organization)
Title: Aire limpio para todos / Parvaneh Jacobs.
Other titles: Clean air to share Spanish
Description: Huntington Beach, CA : Teacher Created Materials, 2022. |
  "iCivics"--Cover. | Audience: Grades 2-3 | Summary: "Clean air is a
  right. Every human, plant, and animal, relies on clean air. But keeping
  air clean can be hard work. It has to be a global effort. Learn what
  small things you can do to make a worldwide impact"-- Provided by publisher.
Identifiers: LCCN 2021039577 (print) | LCCN 2021039578 (ebook) | ISBN
  9781087622798 (paperback) | ISBN 9781087624112 (epub)
Subjects: LCSH: Air--Pollution--Juvenile literature.
Classification: LCC TD883.13 .J3318 2022 (print) | LCC TD883.13 (ebook) |
  DDC 363.739/2--dc23
LC record available at https://lccn.loc.gov/2021039577
LC ebook record available at https://lccn.loc.gov/2021039578

5482 Argosy Avenue
Huntington Beach, CA 92649-1039
www.tcmpub.com

ISBN 978-1-0876-2279-8
© 2022 Teacher Created Materials, Inc.

Contenido

Aire limpio

El aire limpio es importante para todos. Sin aire limpio, es difícil respirar, estar afuera o jugar al aire libre. No solo las personas necesitan aire limpio: las plantas y los animales también lo necesitan.

Cuando el aire está limpio, el cielo está claro. Cuando el aire está limpio, cae agua limpia cuando llueve. Cuando el aire está limpio, las personas están más sanas y se sienten mejor.

aire limpio

El aire sucio se ve distinto del aire limpio. Podría estar lleno de **contaminación**. Podría hacer que todo se vea borroso. Es difícil ver a lo lejos cuando el aire está sucio. También puede ser difícil respirar el aire sucio.

Entonces, ¿cómo hacemos para que nuestro aire se mantenga limpio? Se está trabajando mucho para encontrar maneras en las que todos puedan ayudar.

aire contaminado

Salta a la ficción

—¡Feliz Día del Árbol! —dijo el maestro Murphy mientras Raheem y sus compañeros se sentaban en sus asientos. Hacía pocas semanas que Raheem estaba en la clase del maestro Murphy. A Raheem le gustaba su maestro porque era gracioso y siempre estaba entusiasmado al empezar el día. Raheem aún no tenía muchos amigos, pero el maestro Murphy hacía que la escuela fuera divertida de todos modos. Hoy, el maestro había dibujado un montón de árboles en la pizarra. ¡Y estaba vestido de árbol!

—Hoy vamos a plantar árboles en los jardines de la escuela —anunció el maestro Murphy—. Los árboles son los pulmones del mundo. Convierten el aire sucio en aire limpio y sano.

Cuanto más se entusiasmaba el maestro Murphy, más se entusiasmaba la clase también. Raheem recordó su antigua casa, rodeada de árboles. Era muy fácil respirar allí. Raheem quería que todos sintieran eso.

Raheem y sus compañeros pusieron manos a la obra. El maestro Murphy le mostró a cada estudiante dónde cavar un pozo para el árbol que iba a plantar. ¡Era mucho trabajo! La maestra Barnes, de educación física, se acercó a ayudar. Después de cavar, ayudó a Raheem a poner un arbolito en el pozo que él había cavado.

El maestro Murphy le dio una regadera a Raheem.

—Dependerá de cada uno de ustedes asegurarse de que su árbol crezca y se mantenga sano —dijo el maestro Murphy—. Cada hoja de un árbol tiene el poder de convertir aire sucio en aire limpio. A medida que cada árbol madure, le crecerán más hojas. ¡Eso significa que limpiará el aire cada vez mejor!

Raheem regó con cuidado el árbol que acababa de plantar. Hoy había trabajado mucho, pero estaba contento de haber hecho algo bueno. Cuando llegara a su casa, les preguntaría a sus padres si ellos también podían plantar un árbol.

Vuelve al texto de no ficción

El efecto invernadero

La Tierra está rodeada por una capa de aire llamada atmósfera. Cuando los gases y el polvo quedan atrapados allí, el aire se ensucia. Muchas cosas **contaminan** la atmósfera. Una forma común de contaminación viene de los carros.

Cuando están en marcha, los vehículos liberan gases. Uno de esos gases es el **dióxido de carbono**. El dióxido de carbono flota hacia el cielo y queda atrapado cerca de una parte de la atmósfera llamada capa de ozono. La capa de ozono es como un escudo que tiene la Tierra. Protege la superficie de nuestro planeta contra los efectos dañinos del sol.

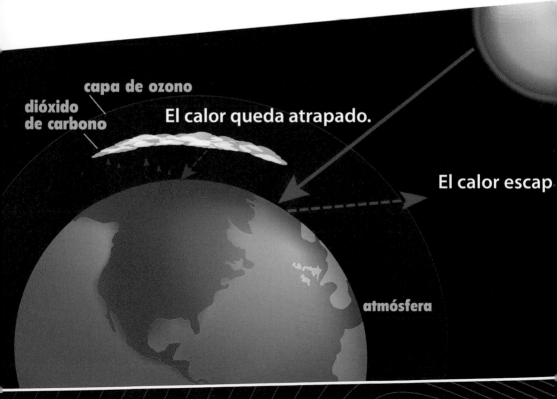

capa de ozono

dióxido de carbono

El calor queda atrapado.

El calor escap

atmósfera

Cuando algunos gases, como el dióxido de carbono, quedan atrapados en la capa de ozono, pueden hacer que la capa de ozono se vuelva más fina. Como consecuencia, la superficie de la Tierra recibe más rayos y más calor del sol. La temperatura del planeta aumenta. El resultado se llama efecto invernadero.

Los invernaderos ayudan a las plantas a crecer en los climas fríos. Hacen que el calor quede atrapado adentro. La atmósfera de la Tierra funciona como un invernadero. Calienta nuestro planeta atrapando el calor. Pero demasiado calor es dañino. Las personas están trabajando para solucionar el problema del efecto invernadero.

Este invernadero hace que el aire de adentro se mantenga caliente.

Hallar soluciones

Las plantas y los árboles usan el dióxido de carbono para producir su alimento. ¡Los árboles pueden almacenar este gas durante décadas! Los árboles y las plantas ayudan a disminuir la cantidad del gas que hay en la atmósfera.

En la India, un hombre sabía que los árboles podían ayudar a la Tierra. Él quiso plantar un bosque entero. Le llevó décadas de trabajo intenso. Pero ¡Jadav "Molai" Payeng finalmente logró su objetivo! Plantó decenas de miles de árboles, que hoy forman el bosque Molai. Ahora, elefantes, tigres y rinocerontes viven en el bosque todo el año.

Payeng no está solo en su lucha por plantar más árboles. Todos los años, en Estados Unidos se celebra el Día del Árbol. Ese día los estadounidenses plantan árboles en todo el país. Quienes no puedan plantar árboles también pueden participar. Pueden plantar flores, verduras o arbustos. Todo ayuda.

Payeng planta un árbol en la arena.

Fotosíntesis

Los árboles usan la luz solar para transformar el dióxido de carbono y el agua en azúcares y oxígeno. Los azúcares ayudan a los árboles a crecer. Las personas y los animales respiran el oxígeno. Ese proceso limpia el aire de todos.

Payeng camina en el bosque Molai.

Hacer compost

Cuando tiras cosas a la basura, eso que tiras va a un vertedero. La comida de los vertederos comienza a **pudrirse**. A medida que se pudre, la comida libera gas metano. Ese gas es muy malo para el planeta. De hecho, atrapa mucho más calor que el dióxido de carbono. Entonces, disminuir la cantidad de metano que liberamos es bueno para el planeta y para el aire que respiramos.

Esta persona pone comida en su compostera.

Algunas ciudades alientan a las personas a hacer compost en lugar de tirar la comida. El compost libera mucho menos metano que los vertederos. Para hacer compost, se ponen las sobras de comida en una caja o un recipiente especial. Luego, las lombrices comen la comida y la transforman en tierra. Muchos alimentos vienen de las plantas, que necesitan tierra para crecer. Cuando usamos los restos de comida para hacer compost, la comida vuelve a su forma original. Además, ¡la tierra puede usarse para cultivar más alimentos!

Estas lombrices hacen tierra nueva.

Cómo hacer compost

Para hacer compost, se necesitan *marrones* y *verdes*. Los marrones son cosas como hojas muertas, ramas cortadas y ramitas. Los verdes son cosas como pasto fresco, cáscaras de naranja y carozos de aguacate.

El transporte público

Los vehículos liberan muchos **gases de invernadero**. Por eso muchas personas buscan nuevas maneras de viajar. Pueden usar vehículos eléctricos. Cada vez más vehículos funcionan con electricidad. O pueden usar el **transporte público**. En algunas ciudades es gratis viajar en autobús. El objetivo es que muchas personas viajen juntas en autobús en lugar de conducir sus carros. Así la cantidad de gases de invernadero por persona es menor. Por cada autobús lleno de pasajeros, se libera cerca de la mitad de gas que si todas esas personas condujeran sus propios carros.

atasco de bicicletas en los Países Bajos

En otros lugares, se alienta a las personas a montar en bicicleta. Por ejemplo, en los Países Bajos a la gente le encanta montar en bicicleta. Más de un cuarto de todos los viajes que se realizan allí se hacen en bicicleta. A veces hay tantas bicicletas en la calle que se forman **atascos de tránsito**.

Hallar tu huella

La cantidad total de gases de invernadero que emite una persona se llama *huella de carbono*. Las personas pueden usar sitios web para calcular su huella de carbono. De esa manera, pueden trabajar para reducir el impacto de su huella.

Reducir, reutilizar, reciclar

Cuando las personas producen y transportan bienes, se liberan gases a la atmósfera. Para quienes quieren reducir su huella de carbono, hay otras opciones.

Se puede donar ropa. Las tiendas de segunda mano venden ropa usada a precios de descuento. Cuando las personas compran ropa usada, no se necesita producir tanta ropa nueva. Por lo tanto, se liberan menos gases de invernadero. Las organizaciones benéficas también aceptan ropa usada. Se la dan a personas que la necesitan.

Otros deciden **suprarreciclar** su ropa. Cuando las personas suprarreciclan, toman cosas que normalmente irían a parar a la basura y las usan para crear nuevos productos. Por ejemplo, pueden convertir una camiseta en un bolso de mano. O pueden convertir toallas en nuevos juguetes para sus mascotas. Upcycle That es un grupo que da ideas para suprarreciclar en casa. Su objetivo es inspirar a las personas para que piensen en nuevas maneras de aprovechar los residuos.

Esta persona lleva un bolso hecho con vaqueros suprarreciclados.

Ropa *vintage*

En lugar de comprar ropa nueva, algunas personas prefieren ir a tiendas *vintage*. Las tiendas *vintage* venden ropa de épocas pasadas. A veces, estas tiendas tienen estilos de ropa que no se pueden encontrar en otras tiendas.

Esta mujer compra en una tienda de segunda mano.

Dietas basadas en plantas

Hace unos 2.5 millones de años, los seres humanos comenzaron a comer carne. Era una parte importante de su dieta. La carne tiene proteínas que necesitamos. Por eso, durante muchos años, la carne fue una parte importante de la dieta de muchas personas.

Habiendo tantos **carnívoros**, se necesitaban más vacas. Cuando eructan, las vacas liberan gas metano. Ese gas ensucia el aire. Por eso, cuantas más vacas hay, más sucio está el aire.

¿Cuál es el impacto?

Los animales de granja que se crían para ganar dinero se llaman *ganado*. Son una de las principales causas del aire sucio. El ganado libera casi un quinto de todos los gases de invernadero. Con menos ganado, el aire estará más limpio.

Algunas personas deciden comer menos carne o incluso nada de carne como una manera de ayudar al medioambiente. Piensan que los seres humanos deberían comer principalmente alimentos que provengan de plantas. Esos alimentos podrían ser frutas, verduras, frijoles y cereales, entre otros.

Algunas empresas trabajan para apoyar esta manera de comer. Han creado alimentos basados en plantas que se cocinan como la carne y tienen gusto a carne.

En las tiendas de comestibles se pueden comprar alimentos basados en plantas.

Luchar por un aire limpio

Cada individuo puede hacer su parte para luchar por el aire limpio. Pero, si las personas se unen, pueden lograr mucho más. En Estados Unidos, el pueblo tiene el poder. El gobierno trabaja para ellos. Las personas pueden escribirles a sus líderes. Pueden decirles que quieren aire limpio. Los líderes representan al pueblo. Por eso, escuchan lo que las personas tienen para decir.

Algunas personas dan un paso más. Organizan **protestas** a favor del aire limpio. Marchan para que otros presten atención al problema. Hay muchos de esos eventos en todo el mundo. En esos eventos, todos son bienvenidos.

Estos estadounidenses exigen aire limpio.

Un grupo de personas protestan contra la contaminación.

Contactar a los legisladores

Aunque todavía no puedes votar, ¡los líderes quieren escucharte! Puedes llamar a los líderes locales, estatales y nacionales. También puedes escribirles cartas o enviarles mensajes de correo electrónico. Esas acciones sencillas marcan una gran diferencia.

En todo el mundo hay personas que luchan por el aire limpio. Una de las principales maneras de hacerlo es protegiendo la selva del Amazonas.

El Amazonas es como el pulmón de nuestro planeta. ¡Eso es así porque tiene casi 400 mil millones de árboles! Más de una quinta parte del oxígeno y del agua del mundo provienen del Amazonas. Por desgracia, en los últimos años las empresas han comenzado a talar muchos árboles allí. Quieren construir casas. Y el Amazonas no es el único bosque donde sucede esto. Hoy en día, la Tierra tiene casi la mitad de las selvas que tenía hace 100 años.

selva del Amazonas

Piensa y habla

¿Por qué piensas que esta foto y la de la derecha se muestran aquí? ¿Qué parte del texto apoya tu idea?

Se está trabajando para que las empresas dejen de talar árboles. Necesitamos los árboles para tener oxígeno. También necesitamos los árboles para deshacernos de los gases dañinos. Cuantos menos árboles tenga nuestro planeta, más sucio estará el aire. Muchas personas luchan para tener leyes que protejan la tierra. También protestan contra las empresas que talan árboles.

tala de árboles en una selva

En 1963, el gobierno de Estados Unidos aprobó la Ley de Aire Limpio. Según esa ley, el gobierno debe tratar de mantener el aire limpio. Al principio, algunas personas no apoyaban esa ley. Pensaban que llevaría a otras leyes que serían malas para las empresas. Pero, gracias a la Ley de Aire Limpio, el aire está más limpio. Estados Unidos ahora tiene uno de los niveles de contaminación más bajos del mundo.

El aire limpio afecta a todas las personas. Millones de personas mueren cada año por problemas de salud causados por el aire sucio. Cada país debe hacer su parte para reducir la contaminación. Por suerte, muchos líderes mundiales están de acuerdo. Muchos gobiernos invierten en formas de **energía limpia**. Ofrecen más opciones de transporte público. Aprueban leyes para reducir la contaminación. La lucha por el aire limpio es algo global. Todos debemos hacer nuestra parte para conseguirlo.

El presidente Richard Nixon amplía el poder de la Ley de Aire Limpio en 1970.

Cumplir la ley

En 1971, unos abogados formaron un grupo llamado Earthjustice [Justicia para la Tierra]. Ese grupo se asegura de que las empresas cumplan la Ley de Aire Limpio. ¡Y no cobran por su trabajo! Dependen de las **donaciones**.

La energía solar y la energía eólica son formas de energía limpia.

Depende de nosotros

El aire no se ensucia solo. Los seres humanos tenemos el poder de mantener el aire limpio o de ensuciarlo. Es importante que tomemos buenas decisiones para mantener limpio nuestro aire. De esa manera, las personas y los animales de todo el mundo pueden estar sanos y felices.

Estados Unidos tiene aire limpio. Pero también libera a la atmósfera muchos gases de invernadero. Cada uno de nosotros puede hacer su parte para mejorar las cosas. Podemos defender el aire limpio. Podemos trabajar para disminuir nuestra huella de carbono. Los estadounidenses pueden pedir leyes para mantener el aire limpio. La lucha por el aire limpio es un trabajo constante, y juntos podemos marcar la diferencia.

Este evento anual que se realiza en California celebra las bicicletas como medio de transporte.

Unos estudiantes plantan árboles en Florida.

Piensa y habla

¿Por qué el aire limpio es importante para ti?

Glosario

atascos de tránsito: largas filas de vehículos que no se mueven o que se mueven muy lentamente en las calles

carnívoros: personas que comen carne

contaminación: cosas que ensucian el agua, la tierra o el aire y que hacen que no sea apropiado o seguro usarlos

contaminan: ensucian el agua, el aire o la tierra y hacen que no sea seguro usarlos

dióxido de carbono: un gas que usan las plantas para obtener energía

donaciones: cosas, como dinero o alimentos, que las personas dan para ayudar a otras personas o grupos

energía limpia: energía que puede producirse sin ensuciar el aire, el agua ni la tierra

gases de invernadero: gases que atrapan los rayos del sol y el calor y aumentan el efecto invernadero

protestas: eventos en los que las personas se reúnen para mostrar que no están de acuerdo con ciertas cosas

pudrirse: descomponerse o estropearse lentamente de manera natural

suprarreciclar: reutilizar objetos para hacer nuevos productos que son mejores que los originales

transporte público: un grupo de vehículos, como los trenes y los autobuses, pagados o administrados por el gobierno

Índice

Civismo en acción

Los estadounidenses hacen muchas cosas para cuidar el mundo. Sus legisladores también pueden ayudar. Pueden aprobar nuevas leyes. Esas leyes pueden ayudar a mantener el aire limpio.

1. Piensa por qué es importante que el aire esté limpio.

2. Haz una lluvia de ideas para pensar en maneras en que los legisladores pueden ayudar a limpiar el aire.

3. Investiga quiénes son tus legisladores locales, estatales y nacionales.

4. Escríbele una carta a uno de tus legisladores para explicarle por qué el aire limpio es importante para ti. Pídele ayuda.

5. ¡Envía tu carta!